SALMO DE MUJER, 45

AF273942

Ojo de Pez, 110

Elisabeth Porrero

SALMO DE MUJER, 45

BIBLIOTECA DE AUTORES MANCHEGOS
DIPUTACION DE CIUDAD REAL

Primera edición: 2024

© Elisabeth Porrero Vozmediano
© Diputación Provincial de Ciudad Real

Edita: Servicio de Cultura. Diputación Provincial
Biblioteca de Autores Manchegos
Plaza de la Constitución, 1
13001 Ciudad Real
Tel.: 926 29 25 75
Web: www.dipucr.es

Diseño gráfico de colección: Miguel López Vázquez/BAM
Imagen de portada: Roselino López

Coordinación editorial: Jesús Reviejo
Colección Literaria *Ojo de Pez*, número 110

Impresión: Lince Artes Gráficas
ISBN: 978-84-7789-409-4
Depósito Legal: CR-42-2024

Impreso en España

LA LUZ QUE EMITE UN SALMO

La cifra en el título del libro *Salmo de mujer, 45* nos señala el momento en el que está escrito, la edad de la autora, y es en esa madurez desde donde la poeta nos habla de su amor por la palabra, de su entrega, que transciende hasta los ojos del lector, ávido de esa luz clara y directa que nos regala este salmo. Elisabeth Porrero se nos deshoja el alma delante de su reflejo en el espejo y, desde ese retrato interior, podemos descubrir el recorrido vital de una mujer fuerte que se ama, una mujer que homenajea al resto de sus iguales y las impulsa a vivir disfrutando plenamente de su libertad, rompiendo barreras y estereotipos. Es un canto al amor, en general, y una alabanza, en particular, a la mujer, a la sororidad, tejiendo universos y cantando con sus hermanas: "Canta conmigo hermana / o llora si es preciso / pero no dejes nunca de quererte…", y es, también, una mirada a todo cuanto rodea a la autora envolviendo sus sentidos de belleza. Se trata de un conjunto de poemas diáfanos y optimistas, así como es la mujer que se vierte en ellos y el mundo que sostiene con su amplia sonrisa. También encontraremos alusiones en donde la poeta ahonda en el hecho de escribir y nos habla del respeto y esmero con el que trata su materia prima: "Entrega su desnudo a mi caricia / y mis dedos despacio lo moldean / con miedo de dañar, / con alguna palabra equivocada, / la luz de su hermosura".

Elisabeth Porrero, en un ejercicio de introspección, nos muestra las mil mujeres que la habitan, pero también apela a la infancia y su inocencia: "No se fue su inocencia / de aquella piel tan párvula del alma". En otros poemas deja espacio entre sus versos para defender a las mujeres que no albergaron hijos en sus vientres: "Las mujeres no madres/ también nos repartimos/ en gajos de ternura…", porque es cierto que la mujer tiene capacidad de albergar vida también en los ojos y en las manos para acoger la ternura, la belleza, el arte… y continúa afirmando:

"Las mujeres no madres / tenemos muchas formas de dar vida / sabemos hacer paz con nuestras manos / … / Cuántas veces han sido madres / de abuelos moribundos / o incluso de los hombres / que de horror las cubrieron".

Pero no cometamos el error de pensar que es un libro escrito por una mujer solo para el resto de mujeres, nada más alejado de la realidad, porque creo que con su lectura cualquier persona, con independencia de su sexo, puede conocer el maravilloso y misterioso mundo de la poeta y la forma de mirar la belleza que la vida nos regala, el asombro con el que observa las hermosuras que va descubriendo su espíritu viajero y, así, desde sus dos retinas impresionadas por cada borde del mundo, por cada recodo de ternura que se encuentra en él, nos va dejando su lírica impresión del lugar y del momento. Además, porque, como nos señala en una de las partes de esta obra, de amor está hecha y también nos abre un hueco en la piel de su corazón para el amor a sus padres, a su pueblo y el mío: Puertollano, y para rescatar recuerdos de algunos de sus amores en el pasado.

En *Salmo de mujer, 45* cabe el amor a todo y en gran medida a los árboles, que para la poeta son el símbolo de la vida y de la fuerza de la mujer, donde en su abrazo la autora nos dice que cabe la paz del mundo. En esta obra también nos muestra cómo "tejer un universo donde encajar las piezas de la amistad más sincera". En definitiva, nos alumbra el sendero a todas sus compañeras de asombro y admiración para que caminemos unidas.

Adentrarse en este poemario y abrir sus páginas es dejar que se filtre la luz, entre el entramado de hojas que forman la copa de este árbol generoso que sonríe, y que, a base de guiños luminosos, nos invita a disfrutar de la lectura en esta templada tierra que nos ha abonado con ternura entre endecasílabos y heptasílabos esta mujer manchega, abierta y generosa como su transparencia.

Ahora, como ella muy sabiamente afirma en el poema que cierra este hermoso libro que, "Nunca han sido las sombras un buen sitio", alberguemos la luz que emite su *Salmo de mujer, 45*.

CHARO BERNAL

A mis amigas, a todas
y cada una de vosotras.
Por vuestras palabras y presencia,
siempre bálsamos.
Por la confianza que me dais
y por la que en mí depositáis.

LA MUJER QUE ME MIRA
EN EL ESPEJO

1

ME presento,
soy mujer y poeta.
Nací hace cuarenta y cinco otoños.
El arte me apasiona
y me encuentro feliz entre palabras.
Me ayudan a ser YO más verdadera,
o simplemente a SER.
Además de alma y cuerpo,
ellas son los pilares de este hogar
cuyas puertas, de par en par os abro.
Generosas, esperan que las tornen
mis manos en canales de Venezia,
en dolores antiguos,
en mis nuevas pasiones,
en lo mucho aprendido
después de mil derrotas,
o en la emoción sentida
ante un paisaje hermoso o el *David*
de Miguel Ángel. Ellas nos aguardan
y nos dan el regalo del lenguaje.

Con miedo e ilusión
me atrevo a moldearlas
para ser toda vuestra
a través de estos versos.

2

ME gusta hacerme vuestra en la palabra,
deshojarme en metáforas,
tejer con mis poemas
una manta mullida,
por si fuera posible
abrigar vuestro frío
y repartir pedazos,
que a soñar os ayuden,
de los sueños que evoco.

Necesito contaros
dónde encontrar candelas
que iluminen senderos con destinos
a una alegría nueva.

Preciso moldear, para vosotros,
unos versos que canten la belleza
de esas pequeñas cosas
que, a veces, no se miran.

Y describir el sol
que suben a mi cielo,
tal vez sin daros cuenta,
vuestras manos tendidas,
vuestros ojos lectores
o la paz que me envuelve en vuestro abrazo.

3

ME espera la hoja en blanco
como un amante fiel y generoso
ofreciéndome el don de su pureza.

Entrega su desnudo a mi caricia
y mis dedos despacio lo moldean,
con miedo de dañar
con alguna palabra equivocada,
la luz de su hermosura.

En noches de tormenta
sabe tornarse océano
para enjugar mis lágrimas.

Si brotan primaveras en mi sangre
aprende a convertirse en tierra fértil
donde sembrar las rosas
que, inesperadas, vienen a buscarme.

Sabe que yo la nombro piel del mundo
y sobre ella perfilo los contornos
de países lejanos
donde el amor quisiera ser posible.

Me espera la hoja en blanco,
ella es alfa y omega de los sueños.

4

LA mujer que me mira en el espejo,
con mil mujeres dentro,
es todo lo que tengo.
Ella es mi patrimonio.

Aunque a veces lo olvide,
no me abandona nunca.

Siempre puede ofrecerme
las alas que preciso
para poder alzarme
después de las caídas
o para hallar el rastro de la luz
si se borran sus huellas
en agrestes senderos.

La mujer que me mira en el espejo
con mil mujeres dentro
es todo lo que soy
y tengo mucha suerte
de recibir su mirada,
eterna y fiel amiga
que siempre me acompaña.

5

ESA niña que fui
aún camina cogida de mi mano
y tal vez no se marche
cuando quiera invadirme la vejez.

No se fue su inocencia
de aquella piel tan párvula del alma.
Solo quedó, si acaso, tamizada,
porque tiene la vida, de algún modo,
que ejercer de maestra y apagar,
tenuemente, la luz de la pureza.

Y, cada amanecer, como ella hacía,
estreno un nuevo asombro
por todos los milagros cotidianos
que la vida regala.

La mujer que hoy me habita
la precisa para no naufragar
en los mares de dudas que me acechan
y para no perder
el rastro de la luz
las noches tormentosas.

6

LAS mujeres no madres
tenemos el amor
también siempre dispuesto
para todas las pieles
que sufren por estar
despojadas de abrazos.

Las mujeres no madres
también nos repartimos
en gajos de ternura
si sabemos desiertos
en ojos infantiles
o en miradas de ancianos.

Las mujeres no madres
tenemos muchas formas de dar vida,
sabemos hacer paz con nuestras manos
y ofrecerla a los ojos
que atesoren tormentas
con finales difíciles.

Un útero habitado no nos hace
sentirnos más mujeres.

Cuántas en su regazo
han cuidado y mecido
a hijos que no parieron.

Cuántas han sido madres
de abuelos moribundos
o incluso de los hombres
que de horror las cubrieron.

7

HAY mañanas hermosas
cuando es más luz la luz
porque se enciende el mundo
mirándome a los ojos.

Entonces me hago sol
y vuelvo a ese oficio
de iluminar mi casa
y todos mis rincones,
de ser candela eterna
para ir sembrando el alba
en las pieles queridas
donde hiciera el dolor
más oscuras las noches.

Y me convierto en árbol
con primorosa savia
que da también la vida
al bosque que lo abraza.
Porque en esos momentos
sé que soy invencible.

8

SIENTO sobre mis párpados
mil pesos infinitos.
No sé cómo podría aligerarlos.

En este mismo instante
siento que el alba engaña
pues yo aún llevo escrita
en mis venas la noche
de mujeres pretéritas,
de sus sueños rasgados,
de sus horas de esfuerzos infinitos.
Pero, a pesar de todo,
no perdieron su afán
de ser vela de amor inextinguible,
de inventarse pinceles
para pintar el día
tapando las tinieblas.

Pensando en todas ellas,
a pesar del cristal
que parece morder mi alma y mi carne,
debo encontrar la piel
que aún me queda indemne,
hilvanarla de nuevo
y recibir el día
esbozando sonrisas
que otros necesiten.

9

EL viaje hacia ti misma
resulta apasionante.
Descubrirás en él
erupciones volcánicas que arrasan,
con lava milagrosa,
los peores errores y recuerdos.

Inesperadamente
descubrirás bellísimas cloacas
o alguna oscuridad nunca prevista
raptará el sol de junio.

Te ofrecerán arroyos
sus cantarinas aguas
para lavar tus pies
y sanar sus heridas
después de las jornadas más intensas.
Descanso encontrarás
entre almohadas mullidas unas veces
y otras en la aspereza
de olvidados jergones.

Te harás un poco dueña
de todos los paisajes encontrados
y su luz, su entereza o su silencio
te mantendrán a flote
en caso de naufragio.

10

MUCHO tiempo se tarda en descubrir
que es el espejo amigo.
En carne viva enseña
nuestra cara más pura.

El tiempo nos modela
y puede ser hermoso
ver la obra que cincela en nuestro cuerpo,
aunque cueste evitar
el miedo que nos causa.

Esos ojos que, desde el cristal, miran
nuestro rostro asombrado
no son dos enemigos.
Se saben ganadores
de muy duras batallas.
Nos miran con ternura,
son dos sabios maestros
y nos quieren decir,
en esa imagen,
que la mujer que vienen a mostrarnos
es, ahora, por cientos de razones,
rotundamente hermosa.

11

Mi patria es esta Tierra
que tanto destrozamos
y en cambio quiere aún
ofrecernos su luz y su refugio.

Lastimamos su piel,
marcando entre fusiles,
sobre ella las fronteras.
Y a muerte castigamos
sus ríos y sus árboles,
a pesar de la vida que nos dan.

Nos urge amarla toda
y bordar las banderas del amor,
con todos los colores
que iluminan el mundo,
para abrigar el frío de ese invierno
que le causan las guerras.

Mi patria es esta Tierra
y el canto de sus pájaros,
las gotas de la lluvia
que limpian tantas lágrimas,
sus aceras en pie
a pesar del cansancio,
la hermosa soledad de los desiertos,
la inmensidad del mar
con su herida de plástico.

Esta Tierra es la patria
y nuestros compatriotas
sus habitantes, todos.

ESCUCHO A LA BELLEZA

12

ESCUCHO a la belleza.
A menudo la encuentro
en sitios diferentes
y, muchos, cotidianos.

Sostengo su mirada
y siempre me emociona.

Posee la costumbre
de abrigarme con todas las palabras,
en prosa o poesía,
que se esconden en libros infinitos.

A veces son sus ojos las farolas
que ejercen su trabajo
en calles olvidadas de algún pueblo.

Otras veces descubro que me mira
a través del primer o último sol
que custodia un paisaje de La Mancha.

En ocasiones prefiere sorprenderme
en el sabor de un vino o un café,
que degusto despacio,
en compañía o sola, reduciendo
a ese momento el resto del mundo.

También suele tomar las vestiduras
distintas que usa el agua
y viene a visitarme, entonces,
como un arroyo manso

o un mar enfurecido
y me hipnotiza en ambos de igual modo.

Me premia con caricias
en las hermosas manos de mi madre,
en ese tacto que tanto amo de un árbol
y también en la piel de algún amor
con la mía fundida.

La encuentran mis oídos
en la voz que declama
un poema enamorado,
en un aria de *Tosca*,
el canto de algún río,
la risa de un bebé o de una anciana,
el trino de los pájaros,
el saxo que hace jazz en un concierto,
La Bohème de Aznavour
o el ruido familiar
de los amados pasos que se esperan.

Escucho a la belleza,
ella es muy generosa
y se hace para mí,
a menudo, presente.

13

NECESITO abrazar
el tronco de los árboles.
En ese abrazo está la paz del mundo.
Me regala la piel de la madera
un silencio que salva y purifica.

De sus venas la savia
parece convertirse
en la sangre de todas las madres
de mis madres y a mi sangre acudir
para sentirme unida, eternamente,
a todas las mujeres de mi Historia.

Ellas debieron tener
la fuerza de los árboles,
sufrir largos inviernos
sin troncharse sus ramas
y seguir siempre en pie
a pesar del terror de las tormentas.
Y, como ellos, debieron
confundir con la lluvia
las lágrimas del alma
para no permitirse caer nunca.

14

IMAGINO unas manos invisibles,
tan fuertes como hermosas,
que acarician las hojas de los árboles
y en las tardes de otoño
las agitan al ritmo de la música
más alegre, compuesta en un lugar
escondido entre nubes.

Me hechiza contemplar su danza mágica
y sus cambios de ritmos misteriosos.
Acompañadas del viento y la lluvia
las ramas parecieran ser felices,
bailando libremente.

En cambio otros días
me atrapa su enigmática quietud
mientras la vida estalla en sus rincones,
ajena a la torpeza de este mundo,
con la sabia rutina de su historia
y quisiera envolverme con su fuerza
cuando el cielo parezca derrumbarse
alguna tarde triste sobre mí.

Las ramas de los árboles
escriben sus poemas en el aire.
En sus versos leemos
el regalo infinito del amor
que entregan a la Tierra.

15

ME emociona
escuchar a Battiato
cantando sobre un mundo
que obedece al amor
o saber que admiraba ver bailar
a cualquier habitante de la Tierra.

O a ese Jimmy Fontana
que observa como gira,
sin descanso, el planeta
para que no se apague la alegría.

Me emociona sentir cómo me envuelve
la letra de *Caruso* en las gargantas
mágicas de Bocelli o Pavarotti
y cómo la caricia de sus voces,
es verdad, que me eleva a un lugar
donde tiene el silencio posterior
una belleza nueva.

Os confieso que busco, también yo,
los besos a los que Víctor Manuel
cantaba con nostalgia
y miro a las estrellas que lucían
en la noche bellísima de *Tosca*.

Sin duda, como dice Ramazzotti,
hay que dar a la música
gracias por existir
y lograr que nosotros existamos
más al escucharla.

16

CONTEMPLO los paisajes
con un amor distinto y renovado.
A los ojos les miro fijamente.

Os podría decir que hablo con ellos,
me cuentan que me habitan.
Escucho sus respuestas
en el canto bellísimo
que emiten las cascadas
o en el sabio mensaje
de las hojas mecidas por el viento.

Oigo cómo pronuncian
palabras como PAZ
las copas de los árboles.

Intento descifrar
los secretos guardados en los granos
de arena de las dunas
o en los átomos de hielo en los glaciares.

Soy los paisajes que amo.
Con sus manos de césped,
de océanos o tierra
elaboran caricias
de belleza infinita para el alma.

17

CRECER he visto rosas en el suelo
cuando eran las ciudades
solo acera y vacío.

Para ganar la guerra a los fantasmas
debíamos asir,
con toda nuestra fuerza,
aquella mano tímida
que quería ofrecernos la esperanza.

Yo la encontré, de pronto,
en la inmensa belleza de las flores
que alfombraban de amor
la soledad del parque.

Rodeaban mis pies,
parecían dotarlos de unas alas
que podían elevarme
a unas mágicas nubes,
preñadas solamente de hermosura.

Existía un lugar
donde el cielo de aquella primavera
teñía su dolor con los colores
que Madre Tierra aún nos regalaba.

18

EN tus versos me encuentro
cuando me hallo perdida
a este lado del mundo.

Si me ciega la luz
se ordenan en estrellas de una noche
que, generosa, quiere acurrucarme.

Si me acucia la sed
evocan el arroyo necesario
para saciarla toda.

Tejen mullidas mantas con sus letras
para mi corazón
si se quedó desnudo a la intemperie.

En deliciosas frutas se transforman
cuando el hambre me acecha
con alguna visita inesperada.

La tinta con que escribes
se viste de agua y sol,
o nubes de colores al mirarla.

Tu poesía es oasis
salvando al peregrino
que atraviesa el más cruel de los desiertos.

19

ESA luz infinita del asombro
espera cada día
que sepan nuestros ojos apreciarla.

Como ave generosa
sus alas nos extiende
cubriendo de belleza
cualquier rincón del mundo,
porque es capaz incluso de encender
la oscuridad que habita en las cloacas.

Al seguir el camino de su estela
encontraremos flores
que crecen en la arena del desierto
o palacios erguidos
sobre las tristes ruinas de una casa.

Podremos escuchar la voz del hielo
que canta en los glaciares
o descubrir miradas hermosísimas
de repente en los rostros
que a diario saludamos.

Esa luz infinita del asombro
impide que dejemos de admirar
el precioso regalo que es la vida.

TEJEMOS UNIVERSOS

20

TEJEMOS universos
con el hilo que brota en nuestra risa.

Creamos un planeta,
solo para nosotras,
cuyo cielo llenamos
con todos nuestros sueños.
Allí son nuestras lágrimas
dulces estrellas fugaces,
pues juntas encontramos
la forma de apagarlas.

Cada vez que nos vemos
una nueva galaxia
nace, hecha de la luz y la alegría
que, juntas, moldeamos.

Hallamos el poder de convertirnos
en madres o en hermanas
las unas de las otras,
según sea necesario.

Perfectamente encajan nuestras piezas
en el puzzle que forma
la amistad más sincera.

21

A Juana Pinés,
compañera de tantos asombros.

COMPAÑERA de asombros,
cuántas veces la magia
que hemos visto emanar de cualquier cosa,
por pequeña que fuese
o insignificarte,
nos despertó en el alma
inmensas emociones.

Fueron muchas las rosas descubiertas
con bellezas distintas a cualquier
otra flor, aunque fuera también rosa,
y, a otros ojos, la misma.

Cómo hemos admirado
la risa de algún niño
o el lomo de algún perro que cruzamos,
da igual en qué lugar.

Cuánta y hermosa luz iluminó
nuestros ojos en el cielo y el agua
de Turquía.

Cuánta intensa belleza
hizo brotar las lágrimas de tus ojos
en medio de una plaza.

En cuántas ocasiones
nos hemos señalado una a la otra
la sorpresa de algún torpe detalle,
para otros invisible.

Cuántos himnos de paz

hemos sabido oír entre montañas.
Cuántos versos de amor hemos leído,
escritos por la Tierra,
en las olas, los árboles, las nubes
a los que hemos viajado.

Hermanas de ilusiones y de versos,
nos hemos prometido
no cerrarle jamás
los ojos al asombro.

22

A mi amiga María José Alfonso,
a quien tanto admiro desde mi infancia.

YO era una niña entonces
cuando era fiesta ver
Estudio Uno en familia.

El teatro, con su infinita magia,
desde el televisor,
colmaba los hogares.

Una noche de aquellas
te descubrió mi párvula mirada.
Ponías alma y piel
a una mujer herida
mortalmente de amor.

Repartían las ondas tu dulzura
a cualquier corazón que te escuchara.
Quisimos abrazar
a aquella Soledad que era la tuya
y matar el dolor que la aturdía.

Tal vez así empecé yo a amar el arte,
al verte interpretar *Vidas en blanco*
y saberte maestra de la luz
subida al escenario.

No solo has moldeado
mil mujeres distintas,
cada una nos entrega
mil sueños diferentes.

23

SI te digo:
Necesito contarte,
siempre tienes dispuesto
el silencio preciso
para escuchar sin prisas
y las palabras bálsamo
que mis heridas curan.

Dos palomas de paz hay en tus ojos
para calmar mis guerras.

Tus manos son mis ríos
y espejo son sus aguas,
donde vuelvo a encontrarme
cada vez que naufrago.

En cafés compartidos
arreglamos el mundo.
Podrían nuestras risas ser el sello
de tratados de paz
para todo el planeta.

Nuestra amistad, el arma
que dispara a las sombras
y encuentra siempre al sol.

CANTA CONMIGO, HERMANA

24

TÚ sabes que la escuela te hará libre
y has herido tus pies para alcanzarla.

Las hojas de los libros que te niegan
son alas que te elevan
a países ignotos para ti
donde también la luz
acaricia la piel de las mujeres.

Yo te tiendo mi mano,
donde quiera que estés, querida hermana.

De nacer a este lado he tenido la suerte
y de ser bendecida
con las sagradas sílabas
que escriben LIBERTAD.

Para ti elevo un canto
que atraviese los mares que separan
nuestros rostros. También aquí escuchamos
vuestro llanto infinito
y queremos borrar la soledad
que a veces se hace piedra en el sendero.

Porque cada mujer somos mosaico
de todas las mujeres,
quiero en mi voz cantar tu sufrimiento

25

CANTA conmigo, hermana,
o llora si es preciso
pero no dejes nunca de quererte.

Te tienes, no lo olvides
y se te ofrecen manos tan amigas
que tomarán la tuya
para que cruces, sin miedo, la noche.

Encuéntrate en silencio
con la sabia mujer
que en ti ha ido la vida modelando
y escucha, con firmeza, su mensaje.

No permitas que se cierren tus ojos
sin haber contemplado en su esplendor
la claridad del alba
y los nuevos senderos que te otorga.

No vamos a dejar que te prohíban
el derecho que tienes, el de todos,
a la risa y la luz,
a vencer las batallas,
a caricias de espuma,
a repetir errores
y a escapar de tinieblas.

DE SU AMOR ESTOY HECHA

26

SE mueren otros padres.
Yo aún tengo a los míos,
me duele inmensamente imaginar
que habrá de convertirse
en recuerdo su abrazo.

De su amor estoy hecha,
de sus viejas costumbres,
de sus sabios consejos.

Ahora soy, de algún modo,
con ellos también madre.

Los colmo de cuidados
e injustas regañinas.
Me aterra su dolor
e intento eternizar
la sonrisa en sus labios.

De su amor estoy yo hecha,
por él sigo viviendo,
por eso no podrán
morir nunca del todo.

27

SOLÍA ir al mercado con mi abuela
y después a llenar con el agua agria,
sus manos y las mías siempre cerca,
botellas en la fuente del paseo.

Y así, desde la infancia, poco a poco,
se acurrucó en mis venas Puertollano
haciéndose un ocupa de mi sangre.

Creía que mi abuela era inmortal,
que jamás moriría
aunque ya no pudiera
guisar para nosotros
ni pasear conmigo.

Sin embargo, un sábado en noviembre
se echó a volar su cuerpo
hacia otras latitudes
y no pudo cumplir sus cien meses de mayo.

Siempre tuve razón
pues en mí se hizo eterna.

Mientras alguien nos ame no morimos,
además de alma y carne
también somos los mágicos momentos
que en la vida sembramos.

LA PIEL DEL CORAZÓN

28

CON el paso del tiempo
y de amores fallidos,
se aprende que una puede
proclamarse princesa
de un reino muy hermoso,
que edifiquen sus manos solamente,
y no podría nadie destronarla.

Aunque haya algunos brazos
que puedan ofrecernos
refugios temporales,
olvidar no conviene
que el verdadero hogar
se encuentra en la mujer que en el espejo
espera cada día que acudamos
a mirarla despacio,
a contarle inquietudes
y escuchar sus consejos.

A ella no podemos
dejar nunca de amarla.

La vida la ha tallado,
con su sabio cincel,
transformándola en otra
más poderosa y sabia.

29

NO he dormido esta noche.
Puede que no quisiera
perder minuto alguno
de pensar en su beso.
Por eso no dormí.

Yo quise eternizar
esos pocos segundos
en los que fue su boca
el manual donde estaban las respuestas
de mis preguntas, todas.

Por eso no dormí.
Para seguir sintiendo
que aquellos cuatro labios y dos lenguas
tenían el poder
de salvar a este mundo
de todos los naufragios.

Aunque yo me engañase,
sabiendo realmente
que para él
yo no fui paraíso,
sino un momento más
de efímera alegría.

30

TAMBIÉN debí aprender
a remendar la piel del corazón
tras haberse rasgado en los zarzales.

No es fácil encontrar la hebra adecuada
para que luzca intacto
y anunciando, de nuevo,
el latir de la vida.

Y es difícil curar
las grietas que en las manos
nos perforó el vacío
de las caricias vanas.

A su paso también deja el amor
la furia de tormentas
que es preciso cruzar
con mucha soledad
y, tal vez, sin paraguas.

A pesar del dolor,
guardamos un lugar dentro del alma
donde existe un manual
para labrar auroras
en los días más fríos del invierno.

31

NUNCA han sido las sombras un buen sitio
para esconder momentos
de aquellos que se quedan,
tatuados con cinceles invisibles de pasión,
muy dentro de las almas.

Me has dado tanta luz
que ya debo marcharme.
Ya no puedo guardarla
en cofres solo míos
ni esperarte más noches
de intermitente amor.

Si no eres luna llena
debo encontrar en mi
la otra mitad creciente.

Que sea tu recuerdo
una lejana estrella
y mi cielo un lugar bello y en calma.

32

¿LLEGARÁ tu mirada a contener
dos profundos arroyos
donde encontrar mi imagen verdadera
cuando me haya perdido?

¿Emprenderán tus manos
su vuelo cual palomas
para sembrar la paz
en mis días de guerras interiores?

¿Harás de tu silencio
el bálsamo preciso
que cure mis heridas
si duelen las palabras?

¿Podrás ser tú el amor
que me ayude a crecer,
a ser árbol más fuerte
sin robarme la sombra?

¿Llegarás a quererme
como una compañera,
que comparta los días,
de igual a igual, contigo,
sembrando solo estrellas
en libres firmamentos?

33

DE los nombres que amé
algunos son sinónimos de un beso
que conserva el sabor
de una nostalgia dulce que no duele
y tienen un lugar privilegiado
en el sabio baúl de la memoria.

Aún guardo pedazos
de felices silencios
—surtidores de luz—
compartidos con seres especiales.

Soy los momentos vividos
delante de un café y otra sonrisa,
las charlas de difíciles palabras
para decir adiós
que no apagaron nunca la pasión,
las risas salvadoras con amigas
o el llanto que absorbió
la tinta de un poema.

Soy el amor que he dado,
el que amasan mis manos ahora mismo
y el que pueda mañana
dejar una sonrisa en el recuerdo.

Índice

La luz que emite un salmo   5
CHARO BERNAL

LA MUJER QUE ME MIRA EN EL ESPEJO
Me presento   13
Me gusta hacerme vuestra en la palabra   14
Me espera la hoja en blanco   15
La mujer que me mira en el espejo   16
Esa niña que fui   17
Las mujeres no madres   18
Hay mañanas hermosas   19
Siento sobre mis párpados   20
El viaje hacia ti misma   21
Mucho tiempo se tarda en descubrir…   22
Mi patria es esta Tierra   23

ESCUCHO A LA BELLEZA
Escucho a la belleza   27
Necesito abrazar…   29
Imagino unas manos invisibles   30
Me emociona escuchar a Battiato   31
Contemplo los paisajes   32
Crecer he visto rosas en el suelo   33
En tus versos me encuentro   34
Esa luz infinita del asombro   35

TEJEMOS UNIVERSOS
Tejemos universos   39
Compañera de asombros   40
Yo era una niña entonces…   42

Si te digo…..... 43

CANTA CONMIGO, HERMANA
Tú sabes que la escuela te hará libre 47
Canta conmigo, hermana 48

DE SU AMOR ESTOY HECHA
Se mueren otros padres 51
Solía ir al mercado con mi abuela 52

LA PIEL DEL CORAZÓN
Con el paso del tiempo...................................... 55
No he dormido esta noche................................ 56
También debí aprender...................................... 57
Nunca han sido las sombras un buen sitio 58
¿Llegará tu mirada a contener.......................... 59
De los nombres que amé 60

El presente libro aparece
con el número 110 de la
Colección Literaria *Ojo
de Pez*, creada en 1988
por José Luis Loarce. Esta
pimera edición consta de
mil ejemplares. Pertenece
a la Biblioteca de Autores
Manchegos de la Dipu-
tación de Ciudad Real.